Lib 48. 1370.

DE L'AUTORITÉ
DES CHAMBRES
SUR LEURS MEMBRES.

PAR

M. LE DUC DE LÉVIS.

BIBLIOTHÈQUE ROYALE

Novembre 1819.

A PARIS,

CHEZ LE NORMANT, LIBRAIRE,

RUE DE SEINE, N° 8, PRÈS DU PONT DES ARTS.

IMPRIMERIE DE LE NORMANT, RUE DE SEINE, N° 8, F. S. G.

DE L'AUTORITÉ

DES CHAMBRES

SUR LEURS MEMBRES.

—

Je me propose d'examiner dans cet écrit une des questions les plus importantes de notre droit public, question qui, loin d'être éclaircie, n'a pas même été débattue. J'établirai les principes qui me paroissent dériver de la nature des choses, et je citerai, à l'appui de mes conclusions, ce qui se pratique depuis long-temps avec succès dans le seul pays dont le gouvernement soit fondé sur les mêmes bases que le nôtre. C'est surtout en ce qui concerne la marche du système représentatif, que l'autorité de l'Angleterre est imposante, puisque les coutumes, ou, comme on les nomme, les *précédens* qui fixent les rapports des corps politiques entre eux, et qui règlent leur régime intérieur, n'y ont été introduits qu'à mesure des besoins successifs. Il est heureux pour la France que ses voisins aient fait les frais d'e

1.

périences si délicates : cela dispense de recourir
à des essais toujours hasardeux. Que répondre
à ceux qui, par une vanité bien dupe, repous-
seroient les progrès de l'art social, parce qu'ils
viennent de l'étranger ? Qu'ils proscrivent donc
aussi les inventions, les découvertes qu'on nous
apporte d'outre-mer, et surtout les cartes ma-
rines qui désigneroient de nouveaux écueils.

L'autorité des Chambres sur leurs membres,
dérive de leur indépendance ; cette autorité
doit donc être exclusive. Et en effet, s'il exis-
toit un pouvoir dans l'Etat, qui eût le droit
de surveiller les délibérations des assemblées
législatives, sous le prétexte d'y maintenir
l'ordre, le gouvernement représentatif, au lieu
d'être une garantie, ne seroit plus qu'une dé-
ception ; cette vérité est évidente : aussi a-t-elle
été généralement sentie. Tous les peuples qui
ont des constitutions écrites, ont formellement
stipulé l'inviolabilité politique de leurs repré-
sentans ; mais ce privilége, qui paroît si con-
sidérable, n'est, à le bien prendre, qu'une
exemption de la juridiction des tribunaux
ordinaires. Il seroit absurde de supposer que
les citoyens entendent donner d'avance à leurs
députés des brevets d'impunité pour des délits

dont les suites peuvent être d'autant plus fâ-
cheuses que les coups partent de plus haut.

La sûreté générale exige donc impérieuse-
ment que de tels attentats soient réprimés et
punis; mais si ceux qui les commettent sont
hors de la compétence du pouvoir judiciaire ,
il faut bien qu'ils soient jugés par les Chambres
dont ils font partie. Ces principes sont incon-
testables, et dès lors on peut s'étonner que le
règlement de la Chambre des Députés se soit
borné à des précautions de détail pour maintenir l'ordre dans les délibérations, comme s'il
ne s'agissoit que des séances d'une société d'as-
surances; la possibilité de fautes plus graves
que celles qui exigent le rappel à l'ordre, n'a
pas seulement été prévue.

En Angleterre, les choses se passent autre-
ment : là, comme l'observe judicieusement
Blackstone, « on a pensé que la dignité et l'in-
».dépendance des deux Chambres exigeoient
» que leurs priviléges ne fussent pas définis. »
On n'a donc rien statué par écrit : mais voici
ce qui se pratique, et quelles sont les mesures
de discipline coërcitive que l'intérêt public a
fait adopter. D'abord, quand les membres de
la Chambre des Communes négligent de se

rendre à une convocation formelle, l'orateur a le droit d'envoyer, même hors de la capitale, des huissiers qui les ramènent de force, et qu'il leur faut payer; dépassent-ils dans la discussion les bornes de la bienséance, non seulement ils sont censurés, mais quelquefois ils ont été forcés de demander pardon à genoux. Voilà pour les offenses contre l'ordre intérieur des séances; mais si le délit est d'un intérêt public, les peines sont plus fortes. On doit s'en ressouvenir : la Chambre des Communes condamna, il y a peu d'années, un de ses membres, sir Francis Burdett, à la prison; malgré une résistance opiniâtre et l'agitation des esprits, il n'en fut pas moins conduit à la Tour, bastille légale, où il demeura tout le reste de la session.

J'ai cité ailleurs (1) un exemple encore plus mémorable de ce pouvoir sans contrôle, que la Chambre des Communes exerce sur ses membres, et de la hauteur avec laquelle elle traite parfois ses commettans. En 1769, Wilkes, qui s'étoit rendu fameux par la véhémence de ses opinions démagogiques, publie un libelle que la Chambre déclare insolent et séditieux.

____

(1) L'Angleterre, au 19e siècle. Paris, 1813.

En conséquence elle le chasse. On procède à une nouvelle élection; mais les électeurs de Middlesex (comté qui renferme la plus grande partie des habitans de Londres), influencés par la même faction, renomment Wilkes à une immense majorité. La Chambre des Communes, inébranlable dans ses déterminations, déclare ce choix illégal; et, ce qui est très-digne de remarque, elle donne la place vacante au colonel Buttrell qui n'avoit eu que 296 voix, tandis que son compétiteur Wilkes avoit réuni 1143 suffrages (1). Malgré cette usurpation apparente de pouvoir, la chose en resta là, le héros populaire fut éconduit; et dans cette immense capitale où les partis étoient si animés, personne ne s'avisa de le soutenir. On dira peut-être que ce fut l'effet de la soumission aveugle que le peuple anglais manifeste, dans toutes les occasions, pour la loi décrétée. Nous rendons volontiers hommage à

____

(1) L'admission du colonel Buttrell paroîtra moins étrange, si l'on observe qu'en Angleterre, c'est la pluralité simple qui décide des élections. La majorité absolue n'y est point exigée comme en France. Quand le délai fixé pour voter est expiré, ou même plus tôt, s'il n'y a point d'opposans, le candidat qui réunit le plus de suffrages est nommé, quel que soit le nombre des votans.

cette admirable qualité qui assure, mieux que toute autre, la durée des Etats ; cependant, dans la circonstance présente, cette explication ne sauroit être admise, car la *résolution* de la Chambre des Communes n'étoit point une loi, les deux autres branches de la législature n'ayant pris aucune part à des événemens qui ne les concernoient point. Le simple bon sens avoit suffi pour apprendre aux Anglais que les assemblées législatives ont le droit de haute police sur leurs membres, et que leurs décisions en ce genre ont tout le caractère d'un jugement sans appel. Convenons pourtant que la mémoire des temps passés vient aussi, en Angleterre, à l'appui du raisonnement. On s'y ressouvient du pouvoir tyrannique que la couronne s'étoit arrogé sur les députés du peuple, lorsque leur assemblée n'étoit soumise à aucune discipline intérieure ; souvent ils furent emprisonnés par les Rois, condamnés à de fortes amendes; quelquefois leur vie fut menacée. On connoît ce trait de Henri VIII, qui mande le chef de l'opposition, et lui dit en fureur : « Si le bill que j'ai présenté est rejeté, ta » tête tombera demain. » Des abus aussi monstrueux ne sauroient se reproduire dans un siècle où les mœurs les repoussent encore plus que les lumières ; mais il n'en est pas moins sage d'ôter tout prétexte aux empiétemens du pouvoir.

Quelque différence que le climat et le caractère mettent entre les peuples, certaines institutions entraînent de force les mêmes conséquences. Les localités n'y font rien ; et comme, sur tout le globe, l'air que nous respirons est indispensable à la vie, la liberté a partout besoin des mêmes garanties. La plus essentielle est l'indépendance de ceux qui votent l'impôt ; cette vérité politique est du petit nombre de celles qui n'ont jamais rencontré de contradicteurs. Lorsqu'en France les Etats-Généraux furent tombés en désuétude, et que le simulacre de la représentation nationale ne se trouva plus que dans les parlemens, la nation se prit du plus vif intérêt pour les magistrats. Quand, sur le refus d'enregistrer des édits bursaux, ils étoient exilés, enfermés dans des prisons d'Etat, chacun crioit à la tyrannie ; et pourtant c'étoit du Roi, et non du peuple, que ces hommes tenoient leur mission ; leur résistance ne tiroit sa force que de leur inamovibilité. On sait qu'ils ne pouvoient être privés de leurs charges que pour une forfaiture légalement jugée. Cependant l'usage de toutes les Cours souveraines du royaume étoit de forcer les membres dont la conduite honteuse auroit entaché la compagnie, de donner leur démission. Ainsi, ce qui étoit interdit au prince, des collègues pouvoient le faire dans l'intérêt de leur considération. Aucune loi écrite ne les y autorisoit ; mais on suivoit le code de la raison publique, code antérieur à tous les autres, toujours sous-entendu, et auquel il n'est jamais permis de déroger. Lorsque nous trouvons dans notre histoire que, pendant des siècles, ces grands corps qui réunissoient des attributions politiques aux fonctions judiciaires, ont joui invariablement, sans abus et sans partage, du pouvoir de renvoyer leurs membres, nous lisons sans étonnement, dans les écrits d'un publiciste, que les Anglais ne citent qu'avec respect, cette maxime aussi précise que remarquable :

« Quiconque aura été créé pair par le Roi,
» ou qui aura été élu membre de la Chambre
» basse par le peuple, pourra, malgré cette
» élection, sur une plainte portée contre lui,
» être jugé par sa chambre respective, et
» déclaré incapable et indigne d'y siéger en

» qualité de membre de l'une ou de l'autre.
» Telle est la loi et l'usage du parlement (1). »

Lorsque, après tant de confusion et d'erreurs, tant de malheurs et de fautes, la forme du gouvernement français est enfin régulière et fixée, il ne peut plus exister de ces incertitudes sur le partage de l'autorité souveraine, de ces inconséquences politiques dont les suites ont été si funestes. De plus, les attributions des différens pouvoirs étant déterminées par la loi fondamentale qui les a créés, tout ce qui est nécessaire à l'exercice de leurs hautes fonctions est implicitement ordonné, suivant cet adage d'une éternelle vérité : « Qui veut la fin veut » les moyens. » Il suffit donc de démontrer que, sans une autorité illimitée et exclusive sur leurs membres, l'indépendance des Chambres seroit compromise, pour prouver que ce droit leur appartient. Nous n'irons point chercher cette démonstration dans les circonstances extraordinaires qui naissent des révolutions (elles ne pourroient autoriser que des mesures d'exception, et nous prétendons établir des principes), c'est dans le cours ordinaire, naturel

____

(1) Blackstone. Comm. tom. 1. de la trad. franç., pag. 235.

des choses, que nous puiserons nos argumens. Ne doit-il pas arriver, peut-être dans la session qui va s'ouvrir, certainement pendant une de celles qui la suivront, que des membres de la Chambre des Députés soient atteints de cette maladie si humiliante pour l'orgueil de notre espèce, d'un dérangement dans les facultés mentales. Or, je vous le demande, lorsque ce cas se présentera (et il est inévitable), qui prononcera que ces députés ne doivent point voter ? Vous me direz que leur famille les fera interdire : la réponse seroit bonne si tous les malades tomboient tout à coup dans l'imbé-cillité, ou s'ils avoient des accès de frénésie; il est clair qu'il faudroit les garder à vue, ou même les lier. Mais quant à ceux, et c'est le plus grand nombre, dont la maladie ne s'an-nonce que par des absences momentanées, par des traits d'une folie passagère suivis d'inter-valles lucides ; si, au moment d'une délibé-ration importante, il s'élève parmi leurs col-lègues des doutes sur leur état, qui décidera ? Qui ! apparemment la majorité. Aimeriez-vous mieux que la Chambre demandât au Roi, ou aux pairs, de prononcer sur le plus ou moins de raison de ses membres ? Vous ne le

ferez pas : les conséquences seroient trop dan-
gereuses.

Il seroit facile d'indiquer d'autres circonstances où l'intervention du pouvoir d'exclusion
ou de suspension ne seroit pas moins indispensable. Malheureusement, les cas de démence
se présentent à l'esprit les premiers, à une époque
où ce ne sont pas seulement des individus isolés
qui sont en proie à cette triste maladie, mais
où l'on diroit qu'elle est endémique en Europe.
Au Nord la fièvre radicale, à l'Est la fureur
sanguinaire des nouveaux niveleurs, menacent
d'engloutir la civilisation sous des monceaux
de ruines et de cadavres; et s'il arrivoit qu'en
France un canton reculé, et par conséquent
plus facilement égaré, abusât assez de son
droit d'élection pour le faire servir d'insulte à
la majesté royale; si des citoyens réunis en
vertu de la Charte, osoient faire un choix ou-
trageant pour celui qui l'a donnée à la France
reconnoissante, faudroit-il que la nation en-
tière supportât cet acte manifeste de révolte
contre la volonté générale ? Non, sans doute :
cette bravade d'une insignifiante minorité res-
sembleroit trop à l'anarchie des Diètes polo-
naises pour être tolérée. Mais on ne pouvo

vaincre qu'à coups de sabre la résistance de
ces fameux *liberum veto*. Heureusement, nous
avons des moyens moins violens : le scrutin
peut faire justice de ce grand scandale. Hommes
inconséquens, qui prétendez avoir un Roi pour
le laisser avilir, je vous le dis avec franchise, la
liste civile est trop chère ; mieux vaudroit alors
épargner cette dépense. Mais s'il est prouvé,
par la plus cruelle et la plus dispendieuse des
expériences, que, seul, un Monarque légitime
peut sauver la patrie des troubles intérieurs
dont les étrangers ne manqueroient pas de pro-
fiter à nos dépens, apprenez que les respects
des peuples ne sont pas moins nécessaires que
leurs tributs pour soutenir ce trône protecteur
de la paix et de nos libertés. Imitez l'Angleterre ; aussi bien vous ne pourriez trouver ailleurs l'exemple d'une monarchie régulièrement
tempérée ; ces communes, si fières de leurs
droits, si jalouses de la prérogative royale, n'en
répriment pas moins avec une juste sévérité
toute offense faite dans leur sein à la personne
du Monarque. Plus d'une fois ces insolences ont
été punies par la prison (1); mais les égards ré-

____

(1) Entr'autres exemples, un membre de la Chambre des

ciproques que se doivent-les corps politiques qui exercent concurremment les pouvoirs de la souveraineté ne tiennent point exclusivement à la forme monarchique; quelle que soit la nature du gouvernement, ils sont partout indispensables. Demandez aux républicains des Etats-Unis s'ils souffriroient une insulte adressée au chef temporaire de la Confédération; ou, sans aller si loin, voyez chez les descendans de Guillaume Tell, comme les divers Cantons savent allier le respect des convenances avec les droits de la liberté.

Nous vivons dans un siècle d'arguties et d'objections : je répondrai à celle qui m'a paru la plus spécieuse. On dit : mais s'il est reconnu que la Chambre des Députés a le droit d'expulser ses membres, n'est-il pas à craindre que la majorité n'abuse quelque jour de ce pouvoir pour éliminer les personnages les plus marquans de la minorité? A la rigueur, la chose est possible, et je n'y sais point de remède, si ce n'est toutefois l'intervention du Monarque, qui se ser-

---

Communes fut envoyé par ses collègues à la Tour, sous le règne de Georges I, pour avoir dit que le Roi paroissoit ne pas mieux connoître la constitution que la langue du pays.

viroit alors de sa prérogative pour dissoudre un corps déjà perdu dans l'opinion publique. Mais, en réfléchissant combien peu ce danger est probable, il cessera de paroître effrayant. Pour décider une assemblée législative à prendre une semblable mesure, toujours odieuse quand la nécessité n'en est pas évidente, il faudroit qu'elle fût excitée par un intérêt puissant ; mais cet intérêt ne sauroit exister. La majorité ayant, par sa force numérique, le pouvoir de faire passer les lois qui lui conviennent, n'a jamais rien à gagner à expulser les opposans ; au contraire, une injustice aussi criante pourroit les rendre redoutables au dehors, de foibles qu'ils étoient au dedans (1). Après tout, nous conseillons à ceux qui ne seroient rassurés ni par l'exemple de l'ancienne France, ni par celui de l'Angleterre, où ce droit d'exclusion, souvent exercé depuis 1688, l'a toujours été à l'avantage du public, de se résigner à des craintes que rien ne sauroit

---

(1) L'exemple de ce qui s'est passé à la convention au 31 mai 1793, et depuis, en fructidor, n'est point applicable aux temps ordinaires. Lorsque les choses en sont venues au point d'expulser des députés, non pour des faits individuels, mais pour des opinions, le gouvernement est dissous. Il y a révolution ou plutôt anarchie.

guérir; car l'autorité des Chambres sur leurs membres est inhérente à leur nature ; et ce pouvoir, qu'elles en fassent ou non usage, existera toujours virtuellement en elles, en dépit des sophismes, ou même des vaines tentatives que l'on feroit pour le restreindre.

Les principes que nous venons d'exposer sont aussi anciens que le gouvernement représentatif, et personne ne les conteste dans les pays où il est établi depuis long-temps ; mais en France, où nous sommes encore peu familiarisés avec ses formes, et, dans les circonstances graves qui se présentent, il n'est peut-être pas inutile de faire connoître aux députés de la nation l'étendue de leurs droits, afin qu'aucun scrupule ne les empêche de faire leur devoir.

Je crois avoir exprimé clairement ma pensée ; cependant, si au moyen d'interprétations forcées on cherchoit à me prêter des opinions que je n'ai pas, je ne saurois qu'y faire ; mais j'accepte toutes les conséquences que l'on peut raisonnablement déduire des principes que j'ai posés. Si même on en conclut qu'un royaliste qui auroit montré des intentions ouvertement hostiles contre la constitution établie, doit être exclu de la Chambre des Députés, j'y souscris ; seulement j'observe que l'hypothèse est du nombre de celles qui ne peuvent guère se réaliser ; car l'amour des Rois s'allie merveilleusement, dans les cœurs français, avec celui des institutions généreuses, avec les idées véritablement libérales. Les dissentimens d'opinion qui peuvent exister ne portent donc que sur des objets de détail, sur des modifications qu'il est assurément bien libre à chacun de désirer et même de conseiller. Quant au fond, on est d'accord.

Cette image de Minerve, encore aujourd'hui si fameuse, le *palladium*, étoit la sauve-garde d'un peuple nombreux : il n'est dit nulle part que ce fût un chef-d'œuvre de l'art statuaire ; mais, sans l'admirer, tout Ilium eût combattu pour sa défense. Ainsi n'est-il pas nécessaire de croire la Charte parfaite, pour voir en elle le salut de la patrie ; il suffit qu'elle consacre la royauté légitime et les franchises nationales, pour qu'elle soit défendue par tous ceux qui sont dignes de porter le nom expressif qu'ils tiennent des Francs, leurs aïeux ; comme eux ils aiment la liberté, et meurent pour le Roi.

Confondre le dévouement avec la servilité, est une méprise de la bassesse, qui ne comprend pas un sentiment qu'elle ne sauroit éprouver.

Post-Scriptum. J'ai composé cet écrit au commencement du mois dernier, dans un temps où j'étois bien éloigné de prévoir le coup qui me menaçoit; depuis, je ne songeois plus à le publier. Mais des amis dignes de toute confiance, ont pensé que des faits marquans et peu connus en Frauce pourroient avoir plus d'influence sur l'opinion publique que les meilleurs raisonnnemens toujours contestés par l'esprit de parti. Je cède volontiers à leurs instances. Servir son pays est à la fois une consolation et un devoir.

20 novembre 1819.

www.ingramcontent.com/pod-product-compliance
Lightning Source LLC
Chambersburg PA
CBHW051209050726

47594CB00007B/3140